Maria Kohl

Strategien zur Mitarbeitermotivation

Auswirkungen von Hunden am Arbeitsplatz

Bachelor + Master
Publishing

Kohl, Maria: Strategien zur Mitarbeitermotivation: Auswirkungen von Hunden am Arbeitsplatz, Hamburg, Bachelor + Master Publishing 2013
Originaltitel der Abschlussarbeit: Hunde im Büro: Auswirkungen auf Arbeitsklima, Mitarbeitermotivation und Teambildung

Buch-ISBN: 978-3-95549-499-5
PDF-eBook-ISBN: 978-3-95549-999-0
Druck/Herstellung: Bachelor + Master Publishing, Hamburg, 2013
Covermotiv: © Kobes · Fotolia.com
Zugl. Hochschule RheinMain, Wiesbaden, Deutschland, Bachelorarbeit, März 2013

Bibliografische Information der Deutschen Nationalbibliothek:
Die Deutsche Nationalbibliothek verzeichnet diese Publikation in der Deutschen Nationalbibliografie; detaillierte bibliografische Daten sind im Internet über http://dnb.d-nb.de abrufbar.

© Bachelor + Master Publishing, Imprint der Diplomica Verlag GmbH
Hermannstal 119k, 22119 Hamburg
http://www.diplomica-verlag.de, Hamburg 2013
Printed in Germany

Inhalt

Abkürzungsverzeichnis

CPT   Cold-Pressure-Test

et al.   et altera (lat. für: und andere)

ERG   Existence, Relatedness, Growth
(Motivationstheorie nach Alderfer)

IVH   Industrieverband Heimtierbedarf e.V.

o.g.   oben genannte/r/s

VCU   Virginia Commonwealth University

Abbildungsverzeichnis

1 Einleitung

1.1 Zielsetzung der Arbeit

Hunde sind nach den Katzen das zweitbeliebteste Haustier der Deutschen. So zeigt eine Statistik des *Industrieverband Heimtierbedarf (IVH) e.V.*[1], dass 2011 insgesamt 5,4 Millionen Hunde in 13,2 % der deutschen Haushalte lebten.

Immer wieder zeigen Untersuchungen, dass Hunde die Gesundheit und das Wohlbefinden des Menschen positiv beeinflussen.[2] Doch wie bringt man die Betreuung des vierbeinigen Freundes mit den eigenen Arbeitszeiten und -anforderungen in Einklang? Vor diesem Problem stehen sowohl Hundebesitzer als auch Menschen, die gerne einen Hund halten würden – und entscheiden sich laut einer Studie nicht selten genau aus diesem Grund gegen die Anschaffung.[3]

In den letzten Jahren entstand daher der Trend, den Hund mit an den Arbeitsplatz zu nehmen. Verschiedene Studien[4] und Hundefreunde unterstellen dem besten Freund des Menschen auch im Arbeitsalltag positive Effekte. Für Unternehmen wird es zunehmend wichtiger, in das Wohlbefinden und die Zufriedenheit der Mitarbeiter zu investieren. Viele Firmen berücksichtigen dies bereits und kommen den Mitarbeitern mit Maßnahmen wie flexibler Arbeitszeitgestaltung, Kinderbetreuung etc. entgegen, um sie durch solche Bekundungen der Wertschätzung zu motivieren und an das Unternehmen zu binden.

Der positive Effekt, den das Mitbringen von Hunden zur Arbeit für die Hundehalter dadurch hat, dass sie den Job und die Betreuung des Vierbeiners besser vereinbaren können, liegt auf der Hand. Ziel dieser Arbeit ist es herauszufinden, ob Hunde im Büro darüber hinaus auch direkte (nicht zuletzt wirtschaftliche) Vorteile für die Unternehmen mit sich bringen, indem sie sich positiv auf das *Arbeitsklima*, die *Motivation* der Mitarbeiter sowie die *Leistung* von *Teams* auswirken.

---

[1] IVH e.V., Der deutsche Heimtiermarkt 2011: http://www.ivh-online.de/
[2] vgl. u.a. Wells (2007), S. 145 ff.
[3] Westgarth et al. (2007)
[4] siehe Kap. 4

1.2   Methodik

Kapitel 2 erläutert zunächst die rechtlichen *Rahmenbedingungen* und die *Voraussetzungen,* die in Bezug auf das Arbeitsumfeld und die Eignung des Hundes erfüllt sein müssen.

Anschließend wird die Arbeit thematisch abgesteckt. Dazu werden in *Kapitel 3* die Begriffe *Arbeitsklima, Mitarbeitermotivation* und *Teambildung* psychologisch und betriebswirtschaftlich definiert und die wichtigsten Zusammenhänge und Einflussfaktoren erörtert.

In *Kapitel 4* werden bisherige *Studienergebnisse* zur Anwesenheit von Hunden am Arbeitsplatz erläutert und mit den psychologisch-betriebswirtschaftlichen Dimensionen in Zusammenhang gebracht. Zudem werden Beispiele für die *Umsetzung* in US-amerikanischen und deutschen Unternehmen genannt sowie die Ergebnisse einer *Unternehmensbefragung* dargestellt.

Welche Möglichkeiten sich für Unternehmen bieten, Hunde *gezielt* zur *Personalgewinnung, -bindung* und *-entwicklung* zu nutzen, wird in *Kapitel 5* gezeigt.

Zum Abschluss erfolgt in *Kapitel 6* eine kurze *Zusammenfassung* der Ergebnisse.

2 Voraussetzungen für die Hundehaltung am Arbeitsplatz

Damit Hunde ins Büro mitgebracht werden können, müssen sowohl in Bezug auf das *Arbeitsumfeld* als auch in Bezug auf die *Eigenschaften des Hundes* bestimmte Voraussetzungen erfüllt sein.

2.1 Rechtliche Rahmenbedingungen

Da es in Deutschland kein Gesetz gibt, das die Hundehaltung am Arbeitsplatz regelt, sind von rechtlicher Seite zunächst keine Einschränkungen gegeben. Arbeitsrechtlich gesehen haben Arbeitnehmer natürlich keinen Anspruch darauf, ihren Hund mit ins Büro zu nehmen. Daher liegt die Entscheidung darüber immer beim Arbeitgeber, es sei denn, es wurde bereits im Arbeitsvertrag eine entsprechende Regelung vereinbart.[5]

2.2 Kriterien bezüglich des Arbeitsumfelds

Nicht alle Unternehmen kommen für das Mitbringen von Hunden infrage. So ist es beispielsweise in Unternehmen aus der Lebensmittelbranche aus hygienischen Gründen meist nicht möglich, dass sich Tiere in den Gebäuden aufhalten, vor allem, wenn sich in direkter Nähe zu den Büros Produktions- und Abfüllstätten befinden. In Unternehmen mit starkem Kundenverkehr muss sich das Management vor der Genehmigung überlegen, ob die Anwesenheit von Hunden beim Kunden erwünscht ist oder dem Unternehmen eventuell sogar schaden könnte.

Rücksicht ist auch auf andere Mitarbeiter zu nehmen. So ist beispielsweise in der *Dog Policy* von *Google* geregelt, dass Hunde ihren Halter nicht begleiten dürfen, wenn sich ein anderer Mitarbeiter von ihnen bei seiner Arbeit gestört fühlt.[6] Außerdem muss vorher geklärt werden, ob es Kollegen gibt, die an einer Allergie oder Hundephobie leiden.[7] Dabei spielt auch die Art der Büros eine Rolle. So ist es in Einzel- oder Mehrpersonenbüros leichter, eine Genehmigung zu erhalten als

---

[5] Arbeitsrecht Blog, Hund und andere Tiere am Arbeitsplatz: http://www.arbeitsrecht.org/
[6] Embrace Pet Insurance Blog, Google's Dog Policy: http://blog.embracepetinsurance.com/
[7] Heidenberger, Der Hund im Büro – so kann es klappen: http://www.zeitblueten.com/

in Großraumbüros, schon allein aufgrund der Tatsache, dass die Wahrscheinlichkeit einen Tierhaarallergiker oder Hundephobiker zu finden unter drei bis vier Personen deutlich geringer ist als unter zehn oder mehr Mitarbeitern, die sich ein Büro teilen.

Bei der Prüfung, ob das Arbeitsumfeld für das Mitbringen des Hundes geeignet ist, müssen jedoch nicht nur das Unternehmen und die Kollegen berücksichtigt werden, sondern auch die Bedürfnisse des Tieres. Laut *Tierschutz-Hundeverordnung* muss dem Hund genügend Auslauf im Freien gewährt werden, er darf nur in Räumen mit Tageslichteinfall und ausreichender Frischluftversorgung gehalten werden und es muss ihm ständig Wasser zur Verfügung stehen.[8] Daher sollte das Büro genügend Platz für eine ungestörte Liegestelle für den Vierbeiner und in direkter Nähe Auslaufflächen für einen Spaziergang in der Mittagspause bieten. Vor allem Arbeitsplätze in einer lauten oder geruchsintensiven Umgebung sind nicht zur Hundehaltung geeignet.[9]

2.3 Kriterien bezüglich der Hundeeignung

Eine Untersuchung der *Swedish University of Agricultural Sciences* ergab, dass sich die Haltung im Büro grundsätzlich nicht negativ auf das Wohlergehen von Hunden auswirkt.[10] Nichts desto trotz ist nicht jeder Hund für die Mitnahme zur Arbeit geeignet. Damit der betriebliche Ablauf nicht gestört wird, muss der Hund gut erzogen sein, darf nicht bellen und muss auch für kurze Zeit – für die Dauer einer Besprechung oder eines Kundengesprächs – alleine gelassen werden können. Aufgrund der steigenden Nachfrage bieten bereits viele Hundeschulen spezielle Bürohundetrainings an. Es versteht sich von selbst, dass ein gültiger Impfschutz sowie eine Hundehaftpflichtversicherung notwendig sind und dass der Hund stubenrein, sauber und sozialverträglich sein muss.

Da die meisten Hundehalter ein Entgegenkommen durch ihren Arbeitgeber schätzen und ihnen bewusst ist, dass ihnen das Recht, ihr Tier mit zur Arbeit zu nehmen, entzogen werden kann, achten sie gewissenhaft auf die Einhaltung der

---

[8] § 2 Abs. 1 S. 1; §5 Abs. 1 S. 1 und 5; § 8 Abs. 1 S. 1 TierSchHuV
[9] Stadthunde, Checkliste: http://www.stadthunde.com/
[10] Norling (2008), S. 4 ff.

o.g. Voraussetzungen. Laut Erfahrungsberichten haben diejenigen, die ihre Hunde mit ins Büro bringen, meist gut erzogene, gut sozialisierte und saubere Hunde.[11]

---

[11] McCullough (1998)

3 Definitionen und thematische Abgrenzung der Arbeit

Im Folgenden werden die Begriffe *Arbeitsklima*, *Mitarbeitermotivation* und *Teambildung* definiert und ihr Zusammenhang mit dem Thema Hundehaltung im *betriebswirtschaftlichen Kontext* erläutert.

3.1 Psychologische Dimensionen

3.1.1 Arbeitsklima

Als *Arbeits-* oder *Organisationsklima* werden die kollektiven Wahrnehmungen der Mitarbeiter und Führungskräfte in Bezug auf die Art und Weise, wie ihr Unternehmen operiert und funktioniert, bezeichnet.[12]

Sowohl *Holland* (1985) als auch *Pfeffer* (1983) in seinem „Modell der Organisationdemographie" stellten fest, „dass Homogenität auf der Gruppen- wie Organisationsebene entsteht." Dies bedeutet, dass das Organisationsklima und die -kultur maßgeblich von den Menschen geprägt werden, die in einer Organisation tätig sind. Menschen sind nicht zufällig bestimmten Organisationen zugeordnet, sondern entscheiden sich gezielt für diejenige Arbeitswelt, in die sie passen. Dies wird in der Sozialpsychologie als *wahrgenommene Ähnlichkeit* bezeichnet.[13]

Die verschiedenen Definitionen des *Organisationsklimas* unterscheiden sich dadurch, dass sie entweder den *äußeren Organisationsmerkmalen* wie Führungsstil, Normen, physische Umwelt, Be- und Entlohnung etc. mehr Bedeutung beimessen, oder aber den *Wahrnehmungen* derselben durch die Mitarbeiter (Organisationsklima als „psychologisches Konstrukt").[14]

Im Unterschied zur *Arbeitszufriedenheit*, die die individuelle Wahrnehmung des einzelnen Mitarbeiters wiedergibt, handelt es sich beim *Organisationsklima* um eine „Summe von Wahrnehmungen" mit möglichen Verhaltenskonsequenzen.[15]

---

[12] Weinert (2004), S. 647
[13] Weinert (2004), S. 642 f.
[14] Weinert (2004), S. 644 ff.
[15] Weinert (2004), S. 645

Das *Organisationsklima* beeinflusst auch die *Produktivität*, wie *Frederiksen et al.* in ihren Studien belegen. So führt eine weitgehend freie Arbeitsatmosphäre, die den Mitarbeitern einen gewissen Spielraum lässt, zu einer höheren Arbeitsleistung.[16]

3.1.2 Mitarbeitermotivation

Der Begriff *Motivation* bezeichnet den Prozess der Verhaltensänderung eines Menschen.[17] *Motive* sind die „Beweggründe menschlichen Verhaltens" wie z.B. Bedürfnisse, Wünsche oder Triebe, die der Motivation zugrunde liegen.[18] Man unterscheidet zwischen *intrinsischen*, d.h. von innen verursachten Motiven, wie z.B. Sinnhaftigkeit der Arbeit und Freiraum in der Arbeitsgestaltung, und *extrinsischen*, also von außen bedingten Motiven, wie beispielsweise Entlohnung, Arbeitsplatzsicherheit und Betriebsklima.[19]

Laut *Weinert*[20] ist die Motivation einer der wichtigsten Bestimmungsfaktoren der Arbeit. Zum Verständnis und zur Verbesserung der Arbeitsleistung von Mitarbeitern müssen in jedem Fall die *Motivationstheorien* hinzugezogen werden. Diese untergliedern sich in die *Inhalt-Ursache-* und die *Prozess-Theorien*. Bei den *Prozess-Theorien* geht es darum, wofür Mitarbeiter ihre Anstrengungen aufwenden, also das „Wie". Bei den *Inhalt-Ursache-Theorien* geht es um die Faktoren, die den Menschen zur Arbeit motivieren, also das „Was". Diese werden wiederum in die *arbeits-* und *bedürfniszentrierten Theorien* untergliedert. Für die Zwecke der vorliegenden Arbeit soll hier kurz auf die bedürfniszentrierten Theorien eingegangen werden.

Zu den bekanntesten Vertretern der *bedürfniszentrierten Motivationstheorien* gehören *Abraham H. Maslow* und *Clayton P. Alderfer*.

---

[16] Frederiksen et al. (1972) zitiert in Weinert (2004), S. 651;
vgl. weiterführende Literatur Dunette (1973), Schneider (1973), Schneider & Snyder (1975)
[17] Weber et al. (2005), S. 205
[18] Gros (1994), S. 118
[19] Olfert (2010), S. 215
[20] Weinert (2004), S. 190 ff. sowie 241 ff.

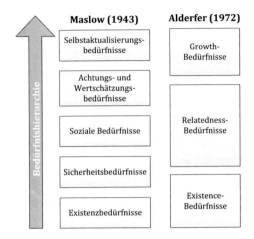

Abbildung 1: Bedürfniszentrierte Motivationstheorien nach Maslow und Alderfer[21]

Maslow ordnet die Bedürfnisse des Menschen in steigender *Rangfolge*, d.h. die Bedürfnisse der unteren Stufen müssen befriedigt sein, damit die jeweils höher stehenden überhaupt auftreten.

Alderfer[22] lieferte 1972 mit seiner *ERG-Theorie* eine Abwandlung der *Maslowschen Theorie*, die speziell auf die Bedürfnisse von Mitarbeitern in Organisationen eingeht. Hierbei werden die menschlichen Grundbedürfnisse auf drei Ebenen verteilt. Die *„Existence"*-Bedürfnisse entsprechen Maslows *physiologischen und Sicherheitsbedürfnissen* (wie finanzielle und nicht-finanzielle Entlohnung für die Arbeit), beziehen jedoch zusätzlich die *Arbeitsbedingungen* mit ein. Die *„Relatedness"*-Bedürfnisse beinhalten sowohl die *sozialen* als auch die *Wertschätzungsbedürfnisse* aus Maslows Hierarchie. Die *„Growth"*-Bedürfnisse entsprechen Maslows fünfter Stufe, den Bedürfnissen nach *Selbstverwirklichung und Produktivität*.

Die Anwesenheit von Hunden im Büro lässt sich sowohl in den *sozialen* oder *„Relatedness"*-Bedürfnissen einordnen, insofern Hunde von ihren Besitzern oft als Freund oder Familienmitglied angesehen werden, als auch in den *Achtungs- und Wertschätzungs-* bzw. *Growth-Bedürfnissen*, da Unternehmen den Mitarbei-

---

[21] vgl. Weinert (2004), S. 199
[22] Alderfer (1972) zitiert in Weinert (2004), S. 193

tern mit dem Zugeständnis, ihren Arbeitsplatz zu gestalten und selbst zu entscheiden, wie sie ihre Aufgaben am effizientesten erledigen, ihre besondere Wertschätzung ausdrücken.[23]

3.1.3 Teambildung

Als *Teambildung* oder *Teamentwicklung* wird der Prozess beschrieben, den Arbeitsgruppen im Verlauf ihres Bestehens durchlaufen, mit dem Ziel, eine Verbesserung der Zusammenarbeit zu erreichen und ein angenehmes Arbeitsklima zu schaffen.[24]

Die Arbeits-, Betriebs- und Organisationspsychologie unterscheidet zwischen *formalen* und *informellen Gruppen*. *Formale Gruppen* werden von der Unternehmensleitung zur Erfüllung betrieblicher Ziele zusammengesetzt. *Informelle Gruppen* entstehen dagegen auf natürliche Art und Weise, durch gemeinsame Interessen oder zur Befriedigung sozialer Bedürfnisse. *Informelle Gruppen* können die betriebliche Kommunikation (positiv oder negativ) beeinflussen und sind daher für die Betriebsleitung von großem Interesse.[25]

3.2 Betriebswirtschaftliche Bedeutung und Zusammenhänge

Bereits *Taylor*[26] stellte in seiner *Scientific-Management-Theorie* fest, dass das oberste Gebot einer Organisationsleitung sein sollte, die Einstellungen der Mitarbeiter gegenüber ihrer Arbeit und der Organisation zu beeinflussen. Dazu sollten nicht nur finanzielle Anreize bedacht werden, sondern insbesondere auch die *Arbeitsbedingungen*. Auch die *Hawthorne-Studien*[27] zeigten, dass diese maßgeblich zur *Zufriedenheit der Mitarbeiter* beitragen. In den Studien wurde die Auswirkung einer Reihe verschiedener Arbeitsbedingungen wie Pausen, Beleuchtung, Kommunikation etc. auf die *Mitarbeiterzufriedenheit* getestet. Dabei zeigte sich, dass die Einstellungen der Mitarbeiter deren Reaktionen und Arbeits-

---

[23] vgl. auch Kap. 3.1.1 Frederiksen et al. (1972)
[24] Weiand (2011), S. 151
[25] Weinert (2004), S. 394 f.
[26] Taylor (1911), zitiert in Weinert (2004), S. 247
[27] Weinert (2004), S. 248

verhalten beeinflussen. Ein wesentliches Ergebnis der Studien war, dass *soziale Beziehungen* am Arbeitsplatz motivierender sein können als eine materielle, d.h. finanzielle Belohnung, und dass *informelle Gruppen* die Leistung der Mitarbeiter wesentlich beeinflussen.

Weinert[28] betont außerdem, dass die Organisations- und Personalpsychologie in den letzten Jahrzehnten ein immer stärkeres Augenmerk auf die *Arbeitszufriedenheit* legt, die die Gefühle und Einstellungen von Mitarbeitern gegenüber ihrer Arbeit oder ihrer Arbeitssituation umfasst. Gründe hierfür sind u.a. die *Zusammenhänge* zwischen *Arbeitszufriedenheit und Organisationsklima* sowie zwischen *Arbeitszufriedenheit und Produktivität* und die Feststellung, dass Arbeit einen wichtigen Einfluss auf das Privatleben hat. Auch zwischen der *Arbeitszufriedenheit* und der *Mitarbeitermotivation* besteht ein direkter Zusammenhang. Die Arbeitszufriedenheit richtet sich auf das subjektive Empfinden eines Mitarbeiters, also darauf, ob er sich an seinem Arbeitsplatz wohlfühlt und das Unternehmen als positiv empfindet. Daraus resultiert daher auch das *Verhalten* eines Mitarbeiters an seiner Arbeitsstelle, d.h. seine *Motivation*.

Welche konkreten Auswirkungen die Anwesenheit von Hunden auf betriebliche Aspekte wie *Arbeitsklima*, *Mitarbeitermotivation* und *Teambildung* hat, wird anhand der Ergebnisse verschiedener Studien im folgenden Kapitel dargestellt.

---

[28] Weinert (2004), S. 245 ff.

4 Studienergebnisse und Umsetzung in der Praxis

In den USA und Schweden haben sich Forscher bereits mit den Auswirkungen von Hunden am Arbeitsplatz auseinandergesetzt. Die Ergebnisse dieser Studien sollen im Folgenden näher erläutert werden. Zudem werden Beispiele für die Umsetzung in amerikanischen und deutschen Unternehmen angeführt und die Meinungen von zwei deutschen Unternehmen dargestellt, die im Rahmen dieser Arbeit befragt wurden.

4.1 Studienergebnisse

4.1.1 Eastern Kentucky University (2001)

Eine 2001 veröffentlichte Studie[29] der *Eastern Kentucky University* beschäftigte sich mit den psychologischen und organisatorischen Auswirkungen von Tieren am Arbeitsplatz. Ziel war es u.a. herauszufinden, ob Haustiere am Arbeitsplatz als förderlich für die *soziale Interaktion* zwischen Mitarbeitern, Vorgesetzten und Kunden wahrgenommen werden und ob sie zur *Stressminderung* bei den Mitarbeitern beitragen. Dazu wurden 193 Arbeitnehmer aus 31 Unternehmen, in denen Haustiere erlaubt sind, befragt. Die meisten der befragten Firmen waren kleine Betriebe mit weniger als zehn Mitarbeitern. Die Studie ergab, dass Tiere am Arbeitsplatz *Stress reduzieren* und sowohl dem Unternehmen in Bezug auf *Mitarbeiterzufriedenheit* und *-moral* als auch den Mitarbeitern bezüglich ihrer Gesundheit zugute kommen. Außerdem wurde deutlich, dass die Auswirkungen auf Mitarbeiter, die ihr eigenes Haustier an den Arbeitsplatz mitbringen, größer waren als auf jene, die ihr Haustier zuhause lassen oder kein Tier besitzen. Hinsichtlich der Unternehmenskunden gaben die befragten Mitarbeiter an, dass sich die Tiere positiv auswirkten, z.B. indem sie die Kunden unterhielten und sich diese dadurch entspannten. Allerdings äußerten einige der Befragten auch Bedenken, da von den Tieren eine Ablenkung ausgehe, sie Probleme wie Allergien und Schmutz mit sich brächten und sich manche Kunden durch sie verängstigt oder gestört fühlen könnten.

---

[29] Wells/Perrine (2001), S. 81 ff.

4.1.2 Eastern Kentucky University (2006)

In einer darauffolgenden Studie[30] setzten sich die Autoren mit der *Wahrnehmung des Arbeitsumfelds, des Unternehmens und der Mitarbeiter* durch Außenstehende bei Anwesenheit von Hunden und Katzen auseinander. Dazu wurden 482 Studenten aus dem psychologischen Fachbereich elf Fotos eines Arbeitsplatzes vorgelegt. Die Fotos zeigten stets denselben Arbeitsplatz, sechsmal mit jeweils einem Hund unterschiedlicher Rasse im Bild, viermal mit Katzen und einmal ohne Tiere. Daraufhin mussten die Studenten einen Fragebogen ausfüllen, zunächst aus Sicht eines Kunden, dann aus Sicht eines Mitarbeiters des abgebildeten Unternehmens. Dabei wurde u. a. nach der Wahrnehmung von Professionalität, Sauberkeit, Sicherheit, Zufriedenheit und der Stimmung bei Betrachtung des Arbeitsplatzes gefragt. Außerdem gab es zwei offene Fragen dazu, was den Teilnehmern an dem Büro gefiel und was nicht.

Aus Mitarbeitersicht wurde die Stimmung in Büros mit Haustieren als besser wahrgenommen als in Büros ohne Tiere. Außerdem vermuteten die Studenten, dass die soziale Interaktion in Büros mit Haustieren begünstigt werde. Obwohl sich die Teilnehmer aus Mitarbeitersicht in den Büros mit Tieren als zufriedener einschätzten, gaben 41 % bei den offenen Fragen an, ihnen würden Haustiere am Arbeitsplatz nicht gefallen, teils wegen gesundheitlicher Bedenken, teils wegen zu befürchtender Ablenkungen.

Das Ergebnis der Studie war, dass die Anwesenheit von Tieren die *Wahrnehmung einer Arbeitsumgebung* durchaus beeinflusst. Die Teilnehmer nahmen die Büros mit Haustieren aus Mitarbeitersicht als förderlich für die *Arbeitsatmosphäre*, aber als weniger professionell wahr. Diese Ergebnisse bestätigen auch die Resultate ihrer vorherigen Studie.[31]

---

[30] Perrine/Wells (2006), S. 65 ff.
[31] vgl. vorheriger Abschnitt, Wells/Perrine (2001), S. 81 ff.

4.1.3 State University of New York/University of California (2002)

Forscher der *State University of New York* und der *University of California* veröffentlichten 2002 die Ergebnisse einer Studie[32], die u.a. die Auswirkung von Haustieren in *Stresssituationen* testete. Dazu wurde die *kardiovaskuläre Reaktivität* bei 240 verheirateten Paaren, von denen die Hälfte ein Haustier besaß, gemessen. Unter der kardiovaskulären Reaktivität versteht man „[...] die durch äußere Einwirkung (z.b. psychische Belastung) hervorgerufene Abweichung eines Reaktionsparameters (z.b. der Herzfrequenz) von einem unter Ruhe- bedingungen erhobenen Wert."[33] Die Teilnehmer wurden in vier verschiedenen Situationen sowohl unter *psychischem* als auch unter *physischem Stress* getestet: allein, mit ihrem Haustier bzw. einem Freund (bei den Teilnehmern ohne Haustier war ein Freund anwesend), mit ihrem Ehepartner sowie mit ihrem Ehepartner und ihrem Haustier bzw. Freund. Um *psychischen Stress* zu simulieren, mussten die Teilnehmer Kopfrechenaufgaben lösen, der *physische Stress* wurde mittels eines Kälte-Druck-Tests nachgestellt. Der Kälte-Druck-Test oder Cold-Pressure-Test (CPT) dient als Belastungstest der Herzfunktion und zur klinischen Prüfung der Kreislaufregulation durch Blutdruckkontrollen während und nach einminütigem Eintauchen einer Hand in Eiswasser.[34]

Die Studie zeigte, dass Teilnehmer mit Haustieren im Vergleich zu jenen ohne Haustier bereits während der Messung im Ruhezustand deutlich *niedrigere Herzfrequenzen* und *Blutdruckwerte* aufwiesen als die Testgruppe ohne Haustiere. Außerdem stiegen die Werte der Haustierhalter geringer an und erholten sich nach den Tests auch schneller wieder. Unter den Tierhaltern wurde die niedrigste Er- höhung der Werte und schnellste Wiederherstellung der Ruhewerte nachgewiesen, wenn nur das Haustier während des Tests anwesend war. Dies zeigt laut den Forschern, dass Menschen ihr Haustier als wichtigen, unterstützenden Teil ihres Lebens empfinden und dass mit der Anwesenheit von Tieren sowohl kardio- vaskuläre als auch verhaltensbezogene Verbesserungen einhergehen.

---

[32] Allen et al. (2002), S. 727 ff.
[33] Manuck et al. (1990) zitiert in von Leupoldt/Ritz (2008), S. 281
[34] Medizin-Lexikon, Cold-Pressure-Test: http://www.gesundheit.de/

4.1.4 Swedish University of Agricultural Sciences (2010)

Die *Swedish University of Agricultural Sciences* führte 2007 eine telefonische Erhebung[35] durch, bei der 204 berufstätige Hundehalter und 90 Arbeitgeber in Schweden zu ihrer Einstellung gegenüber Hunden am Arbeitsplatz und ihren Bedenken befragt wurden. 76 % der Hundehalter gaben an, sich dank ihres Hundes gesünder zu fühlen. Bezüglich der Unterbringung während der Arbeitszeit gaben 73 % an, ihren Hund zuhause zu lassen, 16 %, ihn zur Arbeit mitzunehmen und 11 %, eine Form der Tagesbetreuung zu nutzen. 53 % der Hundehalter würden ihren Hund gerne mit zur Arbeit bringen. Zwar erklärten 59 % der Arbeitgeber, dass der Arbeitsplatz ihrer Meinung nach durch Hunde sozialer und freundlicher werde, doch 68 % äußerten Bedenken wegen Allergien, und 66 % betrachteten eventuelle Ängste anderer Mitarbeiter und Kunden als Problem. Zudem war 81 % der befragten Unternehmen nicht bewusst, dass seitens der Mitarbeiter eine so große Nachfrage bestand. Insgesamt waren es kleinere Unternehmen, die am häufigsten Hunde am Arbeitsplatz gestatteten.[36]

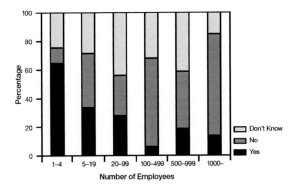

Abbildung 2: Antwort der Hundebesitzer auf die Frage "Sind Hunde an Ihrem Arbeitsplatz erlaubt?", Verteilung nach Unternehmensgröße[37]

---

[35] Norling/Keeling (2010), S. 157 ff.
[36] vgl. Abb. 2
[37] Norling/Keeling (2010), S. 164

4.1.5 Virginia Commonwealth University (2012)

Eine Forschergruppe der *Virginia Commonwealth University* untersuchte in einer Studie[38], wie sich die Anwesenheit von Hunden am Arbeitsplatz u.a. auf den *Stress* der Mitarbeiter, die *Einsatzbereitschaft* im Unternehmen und die *Arbeitszufriedenheit* auswirkte. Die 2012 veröffentlichte Untersuchung wurde in einem Zeitraum von einer Woche bei einem großen amerikanischen Keramikwaren-Handelsunternehmen mit ca. 550 Angestellten durchgeführt, bei dem täglich zwischen 20 und 30 Hunden von den Mitarbeitern mitgebracht werden. Dazu wurden die Mitarbeiter in drei Gruppen eingeteilt. Die DOGS-Gruppe umfasste die Mitarbeiter, die ihren Hund an den Arbeitsplatz mitbringen, die NODOGS-Gruppe diejenigen, die einen Hund besitzen, diesen jedoch nicht mitbringen, und die NOPETS-Gruppe die Mitarbeiter ohne Hund. Anhand von Speichelproben und Umfragen wurden der Level des Stresshormons Cortisol bzw. die subjektiv empfundene Arbeitszufriedenheit dieser drei Gruppen im Tagesverlauf verglichen. Bei der Messung des Stress-Levels am Morgen stellten die Forscher keine merkbaren Unterschiede zwischen den drei Mitarbeitergruppen fest. Im Tagesverlauf nahm der wahrgenommene Stress bei den Mitarbeitern der DOGS-Gruppe ab, während er in beiden Kontrollgruppen anstieg. Vor allem bei den Hundehaltern war der empfundene Stress an Tagen, an denen der eigene Hund zuhause blieb, erheblich höher als an Tagen, an denen er anwesend war. Die Studie kam zu dem Ergebnis, dass die Anwesenheit von Hunden im Betrieb den *arbeitsbedingten Stress* der Hundehalter reduzierte und dadurch deren *Arbeitszufriedenheit* steigerte. Auch andere Mitarbeiter, die mit den Hunden in Kontakt kamen, erwiesen sich als zufriedener und die Arbeitszufriedenheit in der Firma lag insgesamt über dem Branchendurchschnitt.

Wie der Leiter der Studie, *Randolph T. Barker*, außerdem betonte, bemerkten die Forscher, dass aus der Hundehaltung am Arbeitsplatz eine hundebezogene Kommunikation entstand, die möglicherweise zur Leistung der Mitarbeiter und zur Arbeitszufriedenheit beitrug, obwohl diese Beobachtungen nicht Teil der Studie selbst waren.[39] So baten beispielsweise Mitarbeiter ohne Hund ihre Kollegen aus der DOGS-Gruppe darum, den Hund in einer Pause mitnehmen zu dürfen. Dies führte somit auch zu einer kurzen sportlichen Betätigung. Auch die

---

[38] Barker et al. (2012), S. 15 ff.
[39] VCU News Center: http://www.news.vcu.edu/

Rückmeldungen der Mitarbeiter an die Forscher waren meist positiv, wie z.B. „Hunde [...] können die Kooperation der Mitarbeiter untereinander verbessern". *Barker* schlussfolgerte, dass die Anwesenheit von Tieren sich als kostengünstige Maßnahme zum Wohlbefinden der Mitarbeiter eigne, die für viele Unternehmen ohne hohen Aufwand umsetzbar wäre.

4.1.6 Central Michigan University (2010)

Colarelli et al.[40] wiesen 2010 in ihrer Studie nach, dass die Anwesenheit eines Hundes im Büro eine *effizientere Zusammenarbeit* von Mitarbeitern zur Folge haben könnte. Hierzu führten sie zwei Experimente durch. Im ersten Experiment stellten sie zwölf Teams aus jeweils vier Mitarbeitern die Aufgabe, ein Werbevideo für ein vorgegebenes Produkt zu entwickeln. Jeder Teilnehmer sollte Ideen für die Werbung einbringen, am Ende musste das Team eine Lösung präsentieren. Bei einem Teil der Gruppen war ein Hund anwesend, bei anderen nicht. Im Anschluss an das Experiment wurden die Teilnehmer befragt, wie ihnen die Zusammenarbeit mit den Teammitgliedern erschienen war. Hinsichtlich Vertrauen und Gruppenzusammenhalt bewerteten die Teilnehmer, bei denen der Hund anwesend war, ihre Kollegen besser als bei der Testgruppe.

In einem zweiten Experiment wurden 13 Vierer-Teams in dem Spiel „Gefangenen-Dilemma" getestet. Bei dieser Variante des Spiels wurden alle Gruppenmitglieder eines Verbrechens beschuldigt. Jeder Einzelne musste entscheiden (ohne sich mit den anderen beraten zu können), ob es für ihn vorteilhaft sei, seine Kollegen zu verraten oder aber ihnen die Loyalität zu bewahren. Die Entscheidung jedes Einzelnen beeinflusste die Bestrafung aller Teammitglieder. Das mildeste Strafmaß erhielt derjenige, der als einziger seine Teammitglieder verriet, das schwerste der, der als einziger seine Kollegen *nicht* verriet. Das zweitmildeste Strafmaß wurde erzielt, wenn alle vier entschieden, niemanden zu verraten. Bei Anwesenheit eines Hundes im Experiment zeigten die Teilnehmer eine um 30 % geringere Wahrscheinlichkeit des Verrats gegenüber ihren Gruppenmitgliedern als die Testgruppen ohne Hund.

---

[40] Colarelli et al. (2010)

4.1.7 Zusammenfassung der Studienergebnisse

In der folgenden Abbildung werden die Ergebnisse der o.g. Studien unter Berücksichtigung der psychologischen Dimensionen Mitarbeitermotivation, Arbeitsklima und Teambildung zusammengefasst.

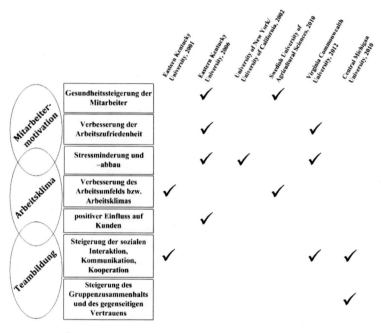

Abbildung 3: Überblick über die Studienergebnisse in Hinblick auf Mitarbeitermotivation, Arbeitsklima und Teambildung

4.2 Beispiele aus der Unternehmenspraxis

4.2.1 USA

Während in Deutschland die Behandlung des Themas „*Bürohund*" noch in den Kinderschuhen steckt, gehören in den USA Haustiere schon lange zum Unternehmensalltag. So ergab bereits in den 1990er Jahren eine Umfrage der

American Animal Hospital Association, dass 24 % der befragten Hundehalter ihr Tier mit zur Arbeit nahmen.[41] Bis 2004 stieg die Zahl sogar auf 37 % an.[42]

In den USA wurde der „*Take Your Dog to Work Day*", an dem Hunde ihre Besitzer für einen Tag zum Arbeitsplatz begleiten können, bereits 1999 ins Leben gerufen. Während damals nur rund 300 Firmen teilnahmen, stieg die Zahl bis 2003 auf mehr als 5.000 teilnehmende Unternehmen.[43]

In einigen Betrieben ist eine niedergeschriebene *Pet* bzw. *Dog Policy* fester Bestandteil der Unternehmenskultur. Der Softwarehersteller *Autodesk* beispielsweise erlaubt seinen Mitarbeitern bereits seit der Unternehmensgründung im Jahr 1982, ihre Tiere mit an den Arbeitsplatz zu bringen.[44]

Doch auch US-amerikanische Firmen stoßen bei der Umsetzung dieser Idee zuweilen auf Probleme. So hatte der amerikanische Futtermittelhersteller *Purina* anfänglich mit Widerstand gegen Tiere im Büro zu kämpfen. Die Idee, einen „*Take Your Pet to Work Day*" einzuführen, rief in den 1990er Jahren sowohl Beschwerden der Mitarbeiter als auch Einwände der Firmenjuristen hervor. Diese machten sich Sorgen um Angestellte mit Tierhaarallergien oder Ängsten und äußerten Zweifel, ob die Mitarbeiter sich weiterhin auf ihre Arbeit konzentrieren würden. Außerdem gaben sie zu bedenken, dass es auf dem Firmengelände zu Beißvorfällen kommen könnte.[45] Die Bedenken konnten jedoch im Laufe der Zeit ausgeräumt werden, und heute sind sowohl Hunde als auch Katzen in dem Betrieb willkommen, was dazu beitrug, dass *Purina* 2011 und 2012 auf Platz 1 der „*Top Places to Work*" in St. Louis landete.[46]

Auch bei einigen großen Firmen wie *Google* und *Amazon* sind in den USA Hunde willkommen. Ein Unternehmenssprecher von *Amazon* berichtet sogar von mehreren hundert Hunden, die täglich die Mitarbeiter zur Arbeit begleiten.[47] *Google* hat zudem eine weltweite *Dog Policy*, d.h. nach Absprache im jeweiligen Team dürfen an sämtlichen Standorten Hunde mitgebracht werden.[48]

---

[41] McCullough (1998)
[42] American Animal Hospital Association, 2004 Pet Owner Survey: https://www.aahanet.org/
[43] Take Your Dog to Work Day, History: http://www.takeyourdog.com/
[44] McCullough (1998)
[45] McCullough (1998)
[46] Purina, Pets at work: http://www.purina.com/
[47] Huffington Post, Look Who's Bringing Dogs to Work: http://www.huffingtonpost.com/
[48] Die Zeit, Kollege Hund: http://www.zeit.de/

4.2.2 Deutschland

Inhalt dieses Kapitels ist u.a. eine Telefonbefragung zweier Unternehmen. Ursprünglich war geplant, einen Befürworter und einen Gegner von Hunden im Büro zu interviewen. Allerdings stellte sich die Suche nach einem Unternehmen, das sich ausdrücklich gegen Hunde im Büro ausspricht, schwieriger und langwieriger dar als angenommen. Als endlich ein Unternehmen bereit war, an der Befragung teilzunehmen, kam aufgrund der Kürze der Zeit leider kein Telefontermin mit dem Verwaltungsdirektor zustande.[49] Daher wurde stattdessen ein Betrieb, der sich noch nicht näher mit Hunden am Arbeitsplatz beschäftigt hat, zu allgemeinen Bedenken befragt.

Ein in Rheinland-Pfalz ansässiges Unternehmen[50] wurde 2008 zu einem der *„Hundefreundlichsten Unternehmen"* in Deutschland ausgezeichnet.[51] Von den 120 Mitarbeitern des mittelständischen Unternehmens bringen acht ihre Hunde regelmäßig mit zur Arbeit. Da der Betrieb, der Medizintechnik produziert, trotz der strengen Hygienevorschriften Mitarbeitern aller Abteilungen die Mitnahme ihres Hundes ermöglichen möchte, wurde in direkter Nähe zum Betriebsgelände ein Hundeauslauf mit beheizbarem Blockhaus angelegt. Das Unternehmen berichtet von vielen positiven Auswirkungen der Anwesenheit der Hunde am Arbeitsplatz, wie z.B. einer Verbesserung der Zusammenarbeit und des Austauschs der Mitarbeiter, einem angenehmeren Arbeitsklima sowie einer Steigerung der Konzentration und Mitarbeitermotivation. Als einzigen Nachteil nennt das Unternehmen, dass verschiedene Mitarbeiter oder Kunden Angst vor Hunden haben könnten. Allerdings gab es bisher nie Probleme oder Beschwerden; auch anfangs eher zurückhaltende Kollegen haben mittlerweile ihre Berührungsängste abgebaut und in einem Fall sogar selbst einen Hund angeschafft.

Auch in einer saarländischen Steuerberatungskanzlei[52] wurde bereits von Mitarbeitern der Wunsch geäußert, ihren Hund mitzubringen, wie einer der Steuerberater im Telefoninterview mitteilte. Allerdings dürfen dort nicht regelmäßig, sondern nur bei Betreuungsengpässen Hunde mitgebracht werden. Gründe gegen eine entsprechende Genehmigung sind u.a., dass andere Mitarbeiter Angst vor

---

[49] siehe Emailverkehr im Anhang
[50] vollständige Unternehmensbefragung siehe Anhang
[51] coachdogs, Die hundefreundlichsten Unternehmen 2008: http://www.coach-dogs.com/
[52] vollständige Unternehmensbefragung siehe Anhang

Hunden haben, Mandanten Hunde im Büro als negativ empfinden und schlecht erzogene und laute Hunde den Arbeitsablauf und die Konzentration der Mitarbeiter stören könnten. Außerdem ist der Steuerberater nicht der Meinung, dass Hunde Vorteile für den Arbeitsalltag mit sich bringen.

Wie diese Kanzlei haben sich die meisten deutschen Betriebe noch nicht näher mit dem Thema beschäftigt. Allerdings wird auch deutlich, dass bereits viele Unternehmen den Trend erkannt haben, wie das größte deutsche Online-Portal für Arbeitgeberbewertungen *Kununu* zeigt. Dort sind derzeit Einträge zu mehr als 37.500 Unternehmen in Deutschland aufgelistet, von denen knapp 6.200 die Mitnahme von Hunden an den Arbeitsplatz erlauben, darunter sowohl große Unternehmen wie z.B. die *Deutsche Telekom AG*, die *Siemens AG*, die *Deutsche Bahn*, die *Allianz Deutschland AG* und die *Daimler AG*, als auch etliche kleine und mittelständische Betriebe.[53]

Der *Deutsche Tierschutzbund* initiiert seit 2008 jährlich den bundesweiten Aktionstag *„Kollege Hund"*, an dem Hundehalter die Gelegenheit haben, ihr Haustier mit an den Arbeitsplatz zu nehmen.[54] Nachdem anfänglich 800 Unternehmen an dem Tag teilnahmen[55], waren es im Jahr 2012 bereits über 1000 Firmen aller Bundesländer.[56]

Allerdings bringt die Hundehaltung im Büro durchaus auch ein gewisses Konfliktpotenzial mit sich, wie der Fall eines niedersächsischen Unternehmens zeigt. Eine Arbeitnehmerin klagte 2012 vor dem Arbeitsgericht Hannover gegen die Hundehaltung in ihrem Betrieb, weil sie sich aufgrund ihrer Hundephobie außerstande sah, ihre tägliche Arbeit zu verrichten. Da es ihr jedoch nicht gelang, die Schwere ihrer Angstzustände zu beweisen, endete der Prozess mit einem Vergleich, und die Mitarbeiterin wurde in den hundefreien Empfangsbereich des Unternehmens versetzt.[57]

---

[53] Kununu, Suchergebnisse: http://www.kununu.com/
[54] Deutscher Tierschutzbund e.V., Pressemeldung Juni 2009: http://www.tierschutzbund.de/
[55] Deutscher Tierschutzbund e.V., Pressemeldung Mai 2009: http://www.tierschutzbund.de/
[56] Deutscher Tierschutzbund e.V., Kollege Hund, ein tierischer Schnuppertag: http://www.tierschutzbund.de/
[57] Hannoversche Allgemeine, Klage gegen „Kollege" Hund: http://www.haz.de/

5 Weitere Beispiele für den Einsatz von Hunden in Unternehmen

Neben dem Bürohund, der bereits Einzug in einige deutsche Unternehmen gehalten hat, besteht auch die Möglichkeiten für Unternehmen, Hunde gezielt einzusetzen. So können Bewerber heute bei der Jobsuche auf entsprechenden Portalen im Internet ihre Suche nach Unternehmen eingrenzen, bei denen Hunde willkommen sind. Auch gibt es mittlerweile einige Dienstleister, die hunde-gestützte Business Coachings anbieten. Hierauf soll in den nächsten Abschnitten näher eingegangen werden.

5.1 Personalgewinnung

Auf einem immer härter umkämpften Arbeitsmarkt können Unternehmen sich durch die Duldung von Hunden im Büro einen Vorteil bei der *Mitarbeiter-gewinnung* und *-bindung* verschaffen. Und nicht nur auf Hundehalter, sondern auch auf Arbeitnehmer, die keine Haustiere besitzen, kann ein tierfreundliches Arbeitsumfeld sehr attraktiv wirken, da die gesamte Atmosphäre in Unternehmen, die Tiere erlauben, meist flexibler und weniger formell ist.[58] Durch die Zunahme der Zahl von Firmen, die dieses *Alleinstellungsmerkmal* bei der Personal-gewinnung nutzen, steigen für Arbeitsuchende die Möglichkeiten, bereits bei der Jobsuche gezielt nach Unternehmen zu suchen, bei denen der vierbeinige Freund sie im Berufsalltag begleiten kann. Seit Februar 2012 bietet das Online-Jobportal *Jobs mit Hund* diese Möglichkeit.[59] Während sich die Nutzung dieser Website bisher noch in Grenzen hält, sind mittlerweile auch andere vielgenutzte Business-Portale auf diesen Trend aufmerksam geworden. So bietet beispielsweise *Kununu*, eine Plattform für Arbeitgeberbewertung der *XING AG*[60] mit durchschnittlich 1,5 Mio. Besuchern pro Monat, eine Funktion, mit der man hundefreundliche Unter-nehmen aus den Suchergebnissen herausfiltern kann.[61]

---

[58] McCullough (1998)
[59] Jobs mit Hund, Pressemitteilung: http://jobs-mit-hund.com/
[60] größtes deutschsprachiges Business und Recruiting Netzwerk
[61] Kununu, Über Kununu: http://www.kununu.com/

5.2 Business Coaching mit Hunden

Ein neuer Trend im Business Coaching ist die tiergestützte Variante. Anbieter dieser innovativen Möglichkeit, Mitarbeiter zu coachen, sind u.a. die Firma *a-learning* aus Neu-Isenburg[62] und die Firma *coachdogs* aus Rosengarten bei Hamburg. Letztere bietet verschiedene Trainings u.a. zur Verbesserung der Teamarbeit, Kommunikation und Motivation an. In den Workshops bekommen die Teilnehmer einen speziell dafür ausgebildeten Hund zur Seite gestellt und müssen in Zusammenarbeit mit diesem bestimmte Aufgaben lösen, um so Aufschlüsse über ihre Führungskompetenz, Teamfähigkeit und Kommunikation zu erhalten.[63] Für sein innovatives Trainingskonzept wurde das Unternehmen 2008 mit dem *„Internationalen Deutschen Trainings-Preis in Silber"* ausgezeichnet.

---

[62] a-learning, tiergestütztes Coaching: http://www.a-learning.de/
[63] coachdogs, Training & Coaching: http://www.coach-dogs.com/

6 Schlussfolgerung: Hunde im Büro – ja oder nein?

Da das Thema *Hunde im Büro* in Deutschland im Gegensatz zu den USA noch nicht sehr stark in der Betriebspraxis verankert ist, haben sich die meisten deutschen Unternehmen bisher nicht mit ihm auseinandergesetzt und stehen ihm zunächst kritisch gegenüber. Wie jedoch sowohl bisherige Studienergebnisse als auch Erfahrungsberichte von Firmen in Deutschland und den USA zeigen, die bereits Hunde im Büro erlauben, bringt die Anwesenheit eines Vierbeiners durchaus Vorteile für die verschiedenen Aspekte des Miteinanders im Unternehmen mit sich.

Auch wenn bisher keine Untersuchungen bezüglich der direkten Wirkung auf die *Mitarbeitermotivation* existieren, lässt sich doch sagen, dass diese zumindest indirekt über die in den Studien nachgewiesenen Auswirkungen auf Faktoren wie *Arbeitsklima, Mitarbeiterzufriedenheit* und *Stressregulierung* beeinflusst wird. Wie einige der Studien außerdem zeigen, kann die Anwesenheit von Hunden die *soziale Interaktion, Kommunikation* und *Kooperation* steigern, den *Gruppenzusammenhalt* stärken und sich somit auch positiv auf die *Teambildung* auswirken. Da es sich bei den bisherigen Untersuchungen allerdings meist um klein angelegte Erhebungen handelt, werden weitere Analysen größeren Umfangs notwendig sein, um repräsentative Ergebnisse zu erzielen. Vor allem wurden die meisten der vorgestellten Studien in Unternehmen durchgeführt, die Hunde am Arbeitsplatz befürworten. Daher wäre es wichtig, neutral an das Thema heranzugehen und eine Erhebung anonym bei einer größeren Anzahl von Unternehmen durchzuführen, damit auch negative Meinungen in einer Analyse erfasst werden.

Abschließend lässt sich feststellen, dass die Überlegung, Hunde am Arbeitsplatz zu genehmigen, sicherlich nicht die einzige Art und Weise darstellt, positiv auf die o.g. psychologischen Dimensionen einzuwirken, vielleicht auch nicht immer die effizienteste. Ein Unternehmen sollte abwägen, ob das Mitbringen von Hunden insgesamt zu *positivem Arbeitsklima,* zur *Mitarbeitermotivation* und *Teambildung* beitragen könnte, was in jedem Fall zur Bedingung hat, dass auch Nichthundebesitzer diese Regelung befürworten. Sind jedoch alle Voraussetzungen erfüllt, kann das Erlauben von Hunden am Arbeitsplatz neben einem potentiell verbesserten Einsatz der Mitarbeiter auch ein *kostengünstiges Alleinstellungsmerkmal* für Unternehmen bei der Mitarbeitergewinnung und -bindung darstellen, vor allem da dieses momentan noch von relativ wenigen Firmen bewusst als Vorteil genutzt wird. Derzeit sind es überwiegend kleinere, innovative Unternehmen mit flachen Hierarchien und informeller Arbeitsatmosphäre, die bereit sind, das Mitbringen von Hunden ins Büro zu erlauben. Die Tatsache jedoch, dass mittlerweile auch in Deutschland namhafte Firmen wie die *Siemens AG*, die *Deutsche Telekom AG* und die *Daimler AG* in diese Richtung denken, deutet darauf hin, dass sich der Trend in Zukunft verstärken könnte. Innovative Ansätze wie ein tiergestütztes Business Coaching und Jobportale speziell zum Thema zeigen, dass dieser Bereich auch das Potenzial hat, neue Arbeitsplätze zu schaffen.

Anhang

Unternehmensbefragung eines Unternehmens, das Hunde im Büro erlaubt[64]

1. **Mitarbeiteranzahl (gesamt):** *120*

2. **Wie viele Mitarbeiter bringen ihren Hund/ihre Hunde mit zur Arbeit und wie viele Hunde befinden sich regelmäßig in den Büros bzw. auf dem Betriebsgelände Ihres Unternehmens?**

   - Anzahl der Mitarbeiter: *ca. 8 Mitarbeiter*
   - Anzahl der Hunde: *11*

3. **Art der Büros:**

   [x] Einzelbüros

   [x] Mehrpersonenbüros (2 – 4 Personen)

   [ ] Großraumbüros

   [ ] Sonstiges: _____

4. **Gibt es in Ihrem Unternehmen eine niedergeschriebene Regelung für die Hundehaltung am Arbeitsplatz („Dog Policy")?**

   [ ] Ja   [x] Nein

---

[64] Onlinebefragung über www.q-set.de, Fragebogen teilweise übernommen aus Norling/Keeling (2010), S. 162

5. Was war ausschlaggebend dafür, Hunde am Arbeitsplatz zu erlauben?

Ein akuter Notfall in der Hundebetreuung ließ die Idee entstehen und wurde durch die Geschäftsführerin dann in die Tat umgesetzt. Die erste Hundetagesstätte für Mitarbeiter und deren Hunde wurde ins Leben gerufen!

6. Dürfen in allen Unternehmensbereichen und Abteilungen Hunde mitgebracht werden? Wenn nein, warum nicht?

[x]   Ja   [ ]   Nein

Ja dürfen. Wobei die Unterbringung der Hunde der Kollegen aus der Fertigung/Produktion in einem separaten Hundeauslauf mit Blockhaus und Heizung untergebracht sind, da die Hygienevorschriften der Medizintechnik die Unterbringung in der Fertigung untersagen. Eine firmeneigene Hundetagesstätte wurde geschaffen in Zusammenarbeit der Mitarbeiter und der Geschäftsleitung. Absprachen regeln die anfallenden Arbeiten wie Instandsetzung und Reinigung der Tagesstätte.

7. Wo dürfen sich die Hunde aufhalten?

[ ]   überall, wo der Besitzer ist

[x]   im Büro des Besitzers

[x]   in einem abgegrenzten, speziell für die Hunde eingerichteten Bereich

[x]   Sonstiges: *Hundeauslauf mit eigenem beheizten Blockhaus*

8. **Welche Vorteile sehen Sie darin, dass die Mitarbeiter ihre Hunde zur Arbeit mitbringen dürfen?**

[x]   Mitarbeiter bewegen sich in den Pausen und gehen an die frische Luft

[x]   angenehmeres und sozialeres Arbeitsklima

[x]   bessere Zusammenarbeit, Steigerung des Austauschs der Mitarbeiter

[x]   bessere Konzentration auf die Arbeitsaufgaben

[x]   gesündere Mitarbeiter, Rückgang krankheitsbedingter Fehlzeiten

[x]   Steigerung der Mitarbeitermotivation

[x]   flexiblere Arbeitszeiten

[x]   Kunden und Besucher empfinden Hunde als positiv

[ ]   Sonstiges: _____

9. **Welche Nachteile sehen Sie in Verbindung mit den Hunden am Arbeitsplatz?**

[ ]   Schmutz oder unangenehmer Geruch

[ ]   Ansteckungsgefahr und Übertragung von Krankheiten

[ ]   Hunde stören den Arbeitsablauf

[ ]   Allergien

[x]   Angst vor Hunden

[ ]   schlechtere Konzentration auf die Arbeitsaufgaben

[ ]   Kunden und Besucher könnten die Hunde als negativ empfinden

[ ]   Sonstiges: _____

10. Wie stehen hundelose Mitarbeiter zu ihren vierbeinigen Kollegen? Gab es jemals Probleme oder Beschwerden?

Nein, keine Probleme. Im Gegenteil: Hundeängstliche Mitarbeiter haben sich an die Vierbeiner gewöhnt, Angst abgebaut und sogar in einem Fall selbst einen Hund angeschafft!

11. Haben Sie andere schlechte Erfahrungen gemacht (z.B. mit Kunden)?

Keine

12. Sonstige Anmerkungen zum Thema:

Jeder Betrieb / Firma sollte überlegen die Möglichkeit zu geben oder zu schaffen, Hunde mit an den Arbeitsplatz nehmen zu können. Im Krankheitsfall oder Urlaub ist auch weiterhin die Versorgung und Betreuung der Hunde gegeben, da sich untereinander ausgeholfen wird. Auch kranke Tiere können besser versorgt werden, da sie nicht Zuhause alleine bleiben müssen.

13. Darf Ihr Unternehmen namentlich in der Arbeit genannt werden?
[x]   Ja
[ ]   Nein (Angaben werden anonymisiert)

Unternehmensbefragung einer Steuerberatung

Telefoninterview am 15.03.2013:

[...]

Wie viele Mitarbeiter arbeiten in Ihrem Betrieb?

Sieben Personen.

Welche Art von Büros nutzen Sie (Einzel-, Mehrpersonen- oder Großraumbüros)?

Sowohl Einzel- als auch Mehrpersonenbüros.

Haben jemals Mitarbeiter den Wunsch geäußert, ihren Hund mit ins Büro zu bringen?

Ja.

Können Sie sich vorstellen, dass Sie es auf Anfrage genehmigen würden?

Ja, in Einzelfällen, aber nicht als Dauerlösung und nur, sofern der Hund gut erzogen ist.

Welche Gründe sprechen Ihrer Meinung nach gegen das Mitbringen von Hunden ins Büro?

Schmutz und unangenehme Gerüche, andere Mitarbeiter haben Angst vor Hunden, Hunde stören die Konzentration der Mitarbeiter auf ihre Arbeitsaufgaben, Mandanten und Besucher könnten die Hunde als negativ empfinden und schlecht erzogene und laute Hunde stören den Arbeitsablauf.

Können Sie sich vorstellen, dass Hunde am Arbeitsplatz auch Vorteile mit sich bringen könnten?

Nein. Gut erzogene Hunde bringen zwar nicht unbedingt einen Nachteil mit sich, aber ich kann mir nicht vorstellen, dass ihre Anwesenheit die tägliche Arbeit positiv beeinflusst. Eine Ausnahme wären Einzelfälle, wenn zum Beispiel Mit-

arbeiter gestresst sind, weil die Unterbringung ihres Hundes nicht geregelt ist. Dann kann das Mitbringen des Hundes ins Büro für diesen einzelnen Mitarbeiter einen Vorteil bringen, aber sicher nicht für das ganze Team.

[…]

Emailverkehr mit einem Unternehmen, das sich gegen Hunde am Arbeitsplatz ausspricht[65]

Absender: Maria E. Kohl
Empfänger: […] (Verwaltungsdirektor)
Gesendet: Donnerstag, 07.03.2013, 21:10 Uhr
Betreff: Unternehmensbefragung Bachelorthesis

Sehr geehrter Herr […],

mein Name ist Maria Kohl, ich studiere Betriebswirtschaft an der Wiesbaden Business School und schreibe im Moment meine Bachelorthesis mit dem Thema "Hunde im Büro". Inhalt der Arbeit ist u.a. eine Gegenüberstellung der Meinungen zweier Unternehmen. Dazu suche ich noch nach einem Unternehmen, das sich gegen Hunde am Arbeitsplatz ausspricht.

Nachdem ich am Mittwoch auf […] eine Email ins Studio geschrieben hatte, um über eine Durchsage im Radio ein Unternehmen zu finden, rief mich heute eine Ihrer Mitarbeiterinnen an. Sie teilte mir mit, dass beim […] Hunde in den Büros erlaubt waren, bis Ihr Vorgänger Herr […] vor einigen Jahren ein Verbot aussprach. Die Mitarbeiterin nannte Sie als Ansprechpartner für ein eventuelles Interview.

Daher jetzt meine Frage: Wären Sie bereit, an einer Befragung teilzunehmen und wenn ja, wann könnte ich Sie telefonisch am besten erreichen? Die Ergebnisse würden natürlich auf Wunsch anonymisiert in meine Arbeit einfließen.

Herzliche Grüße
Maria Kohl

Absender: […] (Sekretärin des Verwaltungsdirektors)
Empfänger: Maria E. Kohl
Gesendet: Montag, 11.03.2012, 11:54 Uhr
Betreff: AW: Unternehmensbefragung Bachelorthesis

Sehr geehrte Frau Kohl,
[…] hat mich beauftragt einen Telefontermin mit Ihnen zu vereinbaren. Hierzu kann ich Ihnen nachfolgende Termine unterbreiten:

19. März 2013, 13.00 oder 14.00 Uhr

Für eine kurze Bestätigung danke ich Ihnen schon jetzt.

Mit freundlichen Grüßen
[…]

---

[65] Das Unternehmen möchte anonym bleiben.

Absender: Maria E. Kohl
Empfänger: [...] (Sekretärin des Verwaltungsdirektors)
Gesendet: Montag, 11.03.2013, 13:21 Uhr
Betreff: AW: Unternehmensbefragung Bachelorthesis

Sehr geehrte Frau [...],

vielen Dank für die schnelle Antwort. Leider ist der Abgabetermin für die Arbeit bereits am 20. März. Um die Ergebnisse noch einzuarbeiten müsste das Gespräch daher bis Ende dieser Woche erfolgen. Es handelt sich auch nur um ein sehr kurzes Interview. Alternativ könnte ich Ihnen aber einen Online-Fragebogen zusenden.
Es tut mir sehr leid, dass ich mich erst so kurzfristig gemeldet habe und hoffe, dass Sie trotzdem an der Befragung teilnehmen können.

Herzliche Grüße,
Maria Kohl

Absender: [...] (Sekretärin des Verwaltungsdirektors)
Empfänger: Maria E. Kohl
Gesendet: Donnerstag, 14.03.2013, 11:03 Uhr
Betreff: AW: Unternehmensbefragung Bachelorthesis

Sehr geehrte Frau Kohl,

krankheitsbedingt ist es mir leider erst jetzt möglich Ihnen mitzuteilen, dass Herr [...] aufgrund der Kurzfristigkeit lieber per Fragebogen an der Befragung teilnehmen möchte.

Mit freundlichen Grüßen
[...]

Absender: Maria E. Kohl
Empfänger: [...] (Sekretärin des Verwaltungsdirektors)
Gesendet: Donnerstag, 14.03.2013, 14:05 Uhr
Betreff: AW: Unternehmensbefragung Bachelorthesis

Sehr geehrte Frau [...],

ich freue mich sehr, dass Herr [...] trotz der Kurzfristigkeit an der Befragung teilnehmen möchte.
Dieser Link führt Sie zum Fragebogen: http://de.surveymonkey.com/s/8VXTD7D
Bei Fragen oder Problemen erreichen Sie mich jederzeit telefonisch unter XXXXX/XXXX.

Ich bedanke mich im Voraus für Ihre Unterstützung.

Herzliche Grüße
Maria Kohl

Absender: […] (Sekretärin des Verwaltungsdirektors)
Empfänger: Maria E. Kohl
Gesendet: Donnerstag, 14.03.2013, 14:06 Uhr
Betreff: Abwesend: Unternehmensbefragung Bachelorthesis

Ich bin am 18. März wieder im Büro zu erreichen. Mails an mich werden nicht gelesen. Herr […] wird seine Mails am 14.03. lesen, am 15.03. ist er ebenfalls nicht im Büro. In dringenden Fällen wenden Sie sich bitte an […], die Sie auch unter meiner Durchwahl erreichen.
Mit freundlichen Grüßen
[…]

Absender: Maria E. Kohl
Empfänger: […] (Verwaltungsdirektor)
Gesendet: Donnerstag, 14.03.2013, 14:40 Uhr
Betreff: FW: Unternehmensbefragung Bachelorthesis

Sehr geehrter Herr […],

leider habe ich auf meine Mail an Frau […] gerade eine Abwesenheitsnotiz erhalten.

Frau […] hat mir mitgeteilt, dass Sie aufgrund der Kurzfristigkeit per Online-Fragebogen an der Befragung zu meiner Bachelorthesis teilnehmen möchten. Dafür bedanke ich mich ganz herzlich im Voraus.
Dieser Link führt Sie zum Fragebogen: http://de.surveymonkey.com/s/8VXTD7D
Bei Fragen oder Problemen erreichen Sie mich jederzeit telefonisch unter XXXXX/XXXX.

Herzliche Grüße
Maria Kohl

Anmerkung: Leider antwortete Herr […] auf diese Mail nicht mehr und war auch telefonisch nicht erreichbar.

Literaturverzeichnis

A   Bücher und Zeitschriften

Alderfer, Clayton P.: Existence, relatedness, and growth: Human needs in organizational settings. New York: Free Press 1972.

Allen, Karen, Blascovich, Jim & Mendes, Wendy B.: Cardiovascular Reactivity and the Presence of Pets, Friends, and Spouses: The Truth About Cats and Dogs. Psychosomatic Medicine 2002, Vol. 64, S. 727-739.

Barker, Randolph T., Knisely, Janet S., Barker, Sandra B., Cobb, Rachel K. & Schubert, Christine M.: Preliminary investigation of employee's dog presence on stress and organizational perceptions. International Journal of Workplace Health Management 2012, Vol. 5 No. 1, S. 15-30.

Colarelli, S. M., Honts, C., Thompson, M., Crider, E., Fitzgerald, C, Pfaff, C., & Christiansen, M.: Effects of a Companion Animal on Individual and Work Group Outcomes. Central Michigan University 2010 (bisher nicht veröffentlicht).

Dunnette, Marvin D.: Work and nonwork in the year 2001. Monterey, California: Brooks/Cole 1973.

Frederiksen, Norman, Jensen, Ollie, Beaton, Albert E. & Bloxom, Bruce: Predictions of organizational behavior. New York: Pergamon 1972.

Gros, Eckhard (Hrsg.): Anwendungsbezogene Arbeits-, Betriebs- und Organisationspsychologie. Eine Einführung. Göttingen: Verlag für Angewandte Psychologie 1994.

Manuck, Stephen B., Kasprowicz, Alfred L., Muldoon, Matthew F.: Behaviorally-evoked cardiovascular reactivity and hypertension: Conceptual issues and potential associations. Annals of Behavioral Medicine 1990, Vol. 12, S. 17-29.

McCullough, Susan: Pets go to the office: allowing pets in the workplace. HRMagazine 1998, Vol. 43 No. 7, ohne Seitenangabe.

Norling, Anna-Yezica: Dogs in the office environment – a behavioural study. Examensarbeit, Swedish University of Agricultural Sciences 2008.

Norling, Anna-Yezica, & Keeling, Linda: Owning a Dog and Working: A Telephone Survey of Dog Owners and Employers in Sweden. Anthrozoös 2010, Vol. 23 No. 2, S. 157-171.

Olfert, Klaus: Personalwirtschaft. Herne: Verlag Neue Wirtschafts-Briefe 2010.

Perrine, Rose M. & Wells, Meredith: Labradors to Persians: Perceptions of pets in the workplace. Anthrozoös 2006, Vol. 19 No. 1, S. 65-78.

Schneider, Benjamin: The perceived environment: Organizational climate. präsentiert vor der Midwest Psychological Association 1973.

Schneider, Benjamin & Snyder, Robert A.: Some relationships between job satisfaction and organizational climate. Journal of Applied Psychology 1975, Vol. 60, S. 318-328.

Taylor, Frederick W.: Principles of scientific management. New York: Harper & Row 1911.

Tierschutz-Hundeverordnung (TierSchHuV) vom 02. Mai 2001, zuletzt geändert durch Artikel 3 des Gesetzes vom 19. April 2006 (BGBl. I S. 900).

von Leupoldt, Andreas & Ritz, Thomas (Hrsg.): Verhaltensmedizin: Psychobiologie, Psychopathologie und klinische Anwendung. Stuttgart: W. Kohlhammer Verlag 2008.

Weber, Wolfgang, Mayrhofer, Wolfgang, Nienhüser, Werner, & Kabst, Rüdiger: Lexikon Personalwirtschaft. Stuttgart: Schäffer-Poeschel Verlag 2005.

Weiand, Achim: Personalentwicklung für die Praxis, Werkzeuge für die Umsetzung. Stuttgart: Schäffer-Poeschel Verlag 2011.

Wells, Deborah L.: Domestic dogs and human health: An overview. British Journal of Health Psychology 2007, Vol. 12, S. 145-156.

Wells, Meredith & Perrine, Rose: Critters in the Cube Farm, Perceived Psychological and Organizational Effects of Pets in the Workplace. Journal of Occupational Health Psychology Januar 2001, Vol. 6 No. 1, S. 81-87.

Weinert, Ansfried B.: Organisations- und Personalpsychologie. Weinheim, Basel: Beltz Verlag 2004.

Westgarth, Carri, Pinchbeck, Gina L., Bradshaw, John W. S., Dawson, Susan, Gaskell, Rosalind M., & Christley, Robert M.: Factors associated with dog ownership and contact with dogs in a UK community. BMC Veterinary Research 2007, Vol. 3 No. 5, ohne Seitenangabe.

Literaturverzeichnis

B   Internetquellen

a-learning, Tiergestütztes Coaching: http://www.a-learning.de/, 14.03.2013

American Animal Hospital Association, 2004 Pet Owner Survey:
https://www.aahanet.org/PublicDocuments/petownersurvey2004.pdf, 10.03.2013

Arbeitsrecht Blog, Hund und andere Tiere am Arbeitsplatz – Ein Vorteil für alle?
http://www.arbeitsrecht.org/arbeitnehmer/arbeitsplatz/blog-news/hund-und-andere-tiere-am-arbeitsplatz-ein-vorteil-fuer-alle/, 10.02.2013

coachdogs Akademie:

> http://www.coach-dogs.com/, 20.02.2013

> Die hundefreundlichsten Unternehmen 2008: http://www.coach-dogs.com/index.php?id=122&type=1, 13.03.2013

> Training & Coaching: http://www.coach-dogs.com/fileadmin/downloads/coachdogs.pdf, 20.02.2013

Deutscher Tierschutzbund e.V.:

> Kollege Hund, ein tierischer Schnuppertag:
> http://www.tierschutzbund.de/kollege-hund.html, 14.02.2013

> Pressemeldung Juni 2009: http://www.tierschutzbund.de/3590.html,
> 10.03.2013

> Pressemeldung Mai 2009: http://www.tierschutzbund.de/3561.html,
> 20.02.2013

Die Zeit, Kollege Hund: http://www.zeit.de/karriere/2011-09/tiere-im-buero,
20.02.2013

Embrace Pet Insurance Blog, Google's Dog Policy:
http://blog.embracepetinsurance.com/2006/03/googles_dog_pol.html, 12.02.2013

Hannoversche Allgemeine, Klage gegen „Kollege" Hund:
http://www.haz.de/Hannover/Aus-der-Stadt/Uebersicht/Klage-gegen-Kollege-Hund, 14.02.2013

Heidenberger, Burkhard, Der Hund im Büro – so kann es klappen:
http://www.zeitblueten.com/news/hund-im-buero/, 10.02.2013

Huffington Post, Look Who's Bringing Dogs to Work!
http://www.huffingtonpost.com/cesar-millan/-take-your-dog-to-work-day_b_1615126.html, 15.03.2013

Industrieverband Heimtierbedarf (IVH) e.V., Der deutsche Heimtiermarkt 2011: http://www.ivh-online.de/fileadmin/user_upload/Der_Deutsche_Heimtiermarkt_2011.pdf

Jobs mit Hund, Pressemitteilung, Das erste Jobportal für Mensch und Hund:
http://jobs-mit-hund.com/news/3/das-erste-jobportal-fuer-mensch-und-hund, 06.02.2013

Kununu:

> Suchergebnisse:
> http://www.kununu.com/suchen?f_type=m&f_land=de&f_ort=&f_umkreis=0, 13.03.2013

> Über kununu: http://www.kununu.com/, 20.02.2013

Medizin-Lexikon, Cold-Pressure-Test: http://www.gesundheit.de/lexika/medizin-lexikon/cold-pressure-test, 10.03.2013

Purina, Pets at work: http://www.purina.com/meet-purina/pets-at-work, 05.03.2013

Stadthunde, Checkliste:
http://www.stadthunde.com/magazin/lifestyle/hundemitjobs/checklistebuero.html, 11.02.2013

Take Your Dog to Work Day, History:
http://www.takeyourdog.com/About/history.php, 10.03.2013

Virginia Commonwealth University (VCU) News Center, Pressemitteilung: http://www.news.vcu.edu/news/benefits_of_taking_fido_to_work_may_not_be_far_fetched, 02.02.2013